ガイドブック

ビアトリクス・ポターのヒルト

カンブリア

クレア・マセット

T0337171

National Trust

ビアトリクス・ポターの楽園、ヒルトップ

「私がここを買ったことは、とてつもない冗談と思われているようです。巻き尺を片手に丘陵を測って回っていたのですから無理もありません」と、ビアトリクス・ポターは1905年10月に、作品を出版したフレデリック・ウォーン社に書き送っています。

その夏、ビアトリクスはニア・ソーリー村の現役農場ヒルトップを購入しており、自分らしく手を加えようと楽しみにしていました。村人にしてみれば、彼女がここを買うなど思ってもみなかったでしょう。ロンドンからやってきた独身の中年女性、しかも農業の知識などまったくなく、出版分野で成功を収めている人間が、なぜ湖水地方の農場などを欲しがるのかと、首をかしげたに違いありません。

ビアトリクスはその後、ヒルトップに続き、この地方の土地を次々購入することになりますが、彼女にとって最も愛着があったのはやはりヒルトップでした。「ポターにとって、ヒルトップは単なる湖水地方の小さな農家ではなかった ── 彼女の自由の象徴だったのである」と、ビアトリクス・ポターの最初の伝記を出した作家マーガレット・レインは書いています。39歳のビアトリクスは、ヒルトップを買うことで、生まれ育った堅苦しいロンドンの生活を逃れ、新たな人生 ── 素朴で自由な暮らし、自然とインスピレーションを切望していたビアトリクスが自分らしく生きられる人生を、切り拓くことができたのです。

ビアトリクスは、ヒルトップの家を思い出の品々や骨董品、地元で作られた家具や大好きな絵画などで思うままに飾り、しまいにはまるで私的博物館のような様相になりました。また、肩肘張らない田舎風のスタイルを愛するビアトリクスの好みを反映した庭を作りました。彼女のイラストの多くが、この庭や家から着想して描かれています。

今では、ヒルトップはビアトリクス・ポターを記念する殿堂となり、その部屋のひとつひとつに彼女の精神が息づいています。この並外れた女性に最も近づくことができる場所だと言えるでしょう。ビアトリクスが毎日歩いた道をたどり、色とりどりの花が咲き乱れるコテージガーデンの魅力を目の当たりにし、玄関ホールの心地よい雰囲気に包まれ、6つの部屋に並べられた彼女の宝物をじっくり眺めてみてください。ビアトリクスの複雑な人物像がきっと体感できるはずです。ピーターラビットなど、子どもたちに愛されるキャラクターの数々を生み出したことで知られるビアトリクス・ポターは、単に才能ある絵本作家であるにとどまりませんでした。辣腕の実業家、独学で植物学を習得した研究家、農場経営者、ナショナル・トラストの重要な支持者、同時代で最も情熱的に自然保護運動を推進し成功を収めた活動家、そして（彼女自身にとっておそらく最も大きな役割であった）妻という、いくつもの顔を持っていたのです。

左 果樹園越しに見下ろしたヒルトップの眺め　　右 晩年のビアトリクス。ヒルトップにて

並外れた
女性

ビアトリクス・ポター（1866〜1943）は、「小さな本」シリーズで世界的に有名です。『ピーターラビットのおはなし』が1902年に出版されてから100年以上が経った今も、青い上着を着た小さないたずらっこのうさぎは、子どもたちに最も愛されているキャラクターのひとりです。

意外なことに、ビアトリクスの生活の中心は、彼女が書いて挿絵をつけ、存命中から大きな評判を取った23冊の本ではありませんでした。1925年にアメリカの雑誌『ホーン』の編集者に自己紹介を依頼されたビアトリクスは、こう書いています。「ビアトリクス・ポターは、ウィリアム・ヒーリスの夫人です。北イングランドに住み、その家は絵本に描いた山々や湖に囲まれています。夫は弁護士です。夫妻には子どもはありません。ヒーリス夫人は60歳です。いつも田舎に住み、自分の所有地で大きな羊農場を経営して、とても満ち足りた暮らしをしています。……どなたも私についてこれ以上知る必要はないと思います」

　ビアトリクスは、宣伝を嫌いました。しかしこの自己紹介からは、彼女が名声ある作家・挿絵画家としてだけではなく、妻であり農業家であると知って欲しかったこともわかります。「私は昔気質な考え方をする人間で、女の一生にとって、幸せな結婚が最高の栄誉だと思っています」と言ったこともあります。同時代を生きた作家ヴァージニア・ウルフと異なり、ビアトリクスはフェミニストではありませんでした。しかし、彼女がヴィクトリア時代の女性に求められた生き方の枠を破り、他の人がどう考えるかなど気にせず、自分にとって興味のある分野に情熱をもって取り組んだことは確かです。

　ビアトリクスは著作から得た収入を使って、開発によって破壊されるおそれのある農場や土地を購入しました。農場経営者として腕を磨き、情熱的な自然保護活動家になり、ナショナル・トラストと密接に協力して、湖水地方の土地保存に手を貸しました。

ビアトリクス・ポターは、矛盾に満ちた興味深い人物です。独立の精神にあふれる一方で、娘として従順にふるまい、結婚後は「ヒーリス夫人」と呼ばれることを要求しました。ノスタルジックでおとぎ話風の挿絵と相反し、物語はあくまでも現実に根ざしていて、アヒルはキツネに追いかけられ、ウサギはネコに狩り出され、庭師にも脅かされる……という世界です。ビアトリクス自身には子どもがありませんでしたが、ユニークな形で子どもたちと交流することができました。「自分は妖精を見ることができる」と言いつつも、実際的で、一切気取るところがありませんでした。晩年には、彼女の絵を「芸術」と呼ぶ人に対して「ばかを言ってはいけません、そんなたわごと！」と言い返すのが常でした。

「ピーターになぜこれほど根強い魅力があるのか、自分でもその秘密を理解していません。もしかしたら、ピーターやお友だちが自分の日常に忙しく没頭し、好きなようにやっているからかもしれません」

秘密の日記

ビアトリクスは14歳から30歳にかけて、暗号を使った日記をつけていました。文字を別の字や記号に置き換えるだけの単純な暗号でしたが、長年の間それは謎に包まれたままで、1958年にやっと、ビアトリクス・ポター専門家で収集家のレスリー・リンダーにより解読されました。この日記から、ビアトリクスが機知に富んだ若い女性で、自然と美術に根っからの好奇心を抱いていたことがわかります。

孤独な
幼少時代

ヴィクトリア時代の中流階級の子どもたちは世間から隔離されて過ごすことが多く、ビアトリクス・ポターも同じでした。子ども時代のほとんどを、サウス・ケンジントン地区ボルトン・ガーデンズ2番地にある家の子ども部屋の中で、次々と入れ替わる乳母や家庭教師の世話を受けて過ごしました。

ボルトン・ガーデンズ

1866年7月28日に生まれたビアトリクス・ポターは、ルパート・ウィリアム・ポターとヘレン・リーチ夫妻の長子で、唯一の娘でした。両親はどちらも裕福な木綿商の家の生まれでした。ルパートは弁護士資格を取得していたものの、実際に仕事をする必要はほとんどありませんでした。お金に困らない有閑階級の一家だったのです。ヘレンは子どもたちとはあまり関わり合わない母親で、厳格に決まった社交界の行事に毎日明け暮れていました。父親の方はもう少し娘に関心を持っていましたが、友人と芸術や政治、文学を語り合い、展覧会を見学し、写真の趣味を楽しむ日々を過ごしていました。一家の住まいは典型的なヴィクトリア朝の家で、薄暗く、息の詰まるような圧迫感があり、ビアトリクスはこの家をとても嫌っていました。後にこの家を「愛されることのない生家」と呼んでいます。

ひとりだけの部屋

一緒に過ごす友だちのいないビアトリクスは、孤独な子ども部屋の中で想像の世界を作りました。体が弱く病気がちだったビアトリクスは、なぐさみに絵を描くようになりました。両親はどちらもアマチュア芸術家で、ビアトリクスにも絵画の趣味を続けるよう奨励し、娘が何時間も自然を観察し、記録して過ごすのをとがめませんでした。ビアトリクスの観察眼にとって、小さ過ぎるものは何もありませんでした。クモ、テントウムシ、コウモリにトカゲと、幼いビアトリクスは、博物学者の目と芸術家の筆で観察対象をとらえました。

上 5歳のビアトリクス。ダルギーズ・ハウスにて

左 ボルトン・ガーデンズのポター家からの眺め。1889年、ルパート・ポター撮影

ロンドンから離れて

子どもたちにとって、田園地帯への頻繁な旅行が、自由を垣間見る機会になりました。ビアトリクスの父方の祖父母エドマンドとジェシー・ポターは、ハートフォードシャーのカムフィールド・プレースという大きな屋敷に暮らしており、一家はよく週末にこの家を訪れました。

また毎年4月には、ロンドンの家で大掃除が行われる間、一家は海辺に出かけて2〜3週間の休暇を過ごしました。しかし、まとまった期間都会を離れることができたのは夏の休暇で、ポター一家は3カ月の間、夏休みにふさわしい風光明媚な土地で家を借りるのが習わしでした。ビアトリクスは5歳から15歳まで、毎夏をパースシャーのダンケルド近郊にあるダルギーズ・ハウスという邸宅で過ごしました。ビアトリクスが本格的に自然界への愛に目覚めたのは、ここでのことでした。

左 ビアトリクスが10歳の時に描いた、野草の花束の水彩画

下 幼いビアトリクスと父母。ダルギーズ・ハウスにて

奇妙な動物園

ビアトリクスがふだん一緒に過ごした唯一の人間は弟のバートラムで、ビアトリクスと同じく芸術と自然を愛する子どもでした。ふたりは一緒に昆虫を採集し、子ども部屋にこっそりと動物を持ち込みました。そうして少しずつ増えていった生き物は、パンチと名づけられたカエルや、トビーとジュディと名づけられた2匹のトカゲ、ザリファという名のヤマネ、カタツムリの一家、ネズミ、イモリ、ヘビ、サンショウウオ、コウモリ、カメ、そしてティギーと名づけられたハリネズミという、奇妙な取り合わせでした。また、ビアトリクスはウサギも手に入れ、ベンジャミン・H・バウンサーと名づけました。これが元祖ベンジャミンバニーです。続いてピーター・パイパーというウサギも飼い、こちらがピーターラビットのモデルになりました。こうした動物たちは、ペットとしてかわいがられるだけでなく詳細に観察され、その日常の行動が几帳面にノートに記録されています。

「学校に送られなかったのは幸運でした。学校に行っていたら、きっと私の独創性のいくらかは削り取られてしまったことでしょう」

美術とインスピレーション

ビアトリクスは主に自然界からインスピレーションを受けていたものの、一方でたくましい想像力も持っていました。「田園全体が妖精のものでした」とビアトリクスは書いています。伝記作家マーガレット・レインの書くとおり、ビアトリクスの芸術は「自然とファンタジーの繊細なブレンド」となりました。

物語と絵

本や物語は、ビアトリクスの想像力をかき立てました。少女時代のビアトリクスは、祖母ジェシーが語るお話を大喜びで聞き、また、大の読書好きでもありました。6、7歳頃の時に『不思議の国のアリス』の本を手に入れたビアトリクスは、すっかりその挿絵のとりこになり、自然を観察する時と同じように、絵本にもじっくりとその観察眼を向けるようになりました。大きくなってくると、父親に連れられて王立芸術院の美術展やロンドンのさまざまな美術館に行き、芸術作品を直接見ることができるようになります。その印象を日記に書き込み、審美眼を育てていきました。

「素描に絵画、塑像と、どれも同じで、美しいものが目に留まると、それを模写したいという願望に駆られて抑えられません。どうしてただ見ることで満足できないのでしょう？どうしても落ち着いていられず、どれほど拙い出来であろうと、描かずにはいられないのです。辛いことがあった時にはなおさら、その願望が強まります」

右 1883年に父親が撮影した、17歳のビアトリクス・ポターと一家の飼い犬、スパニエルのスポット

自然を理解したいという強い願望に駆られていたビアトリクスは、動物の死骸から皮を剥いで体の仕組みを調べたり、茹でて肉を外し、骨格を観察することすらためらいませんでした。こうして得た深い知識が、動物の特徴を正確にとらえた絵を描くのに役立ちました。服を着て人間のように振る舞わせていても動物の本質を決して損なわないビアトリクスの絵には、ユニークな魅力があります。ポター家と親交のあった画家ジョン・エヴァレット・ミレーは、ビアトリクスに絵の具の混ぜ方などを親切に教え、「ものを見ることができる人は多いが、君にはものを観察する能力がある」と評しました。

キノコに夢中に

「描くのが絶望的に難しいものはたくさんありますが、中でも最悪なのは、太ったきれいなキノコだと思います」。そう書いたビアトリクスは、1880年から1901年の間に300点を超えるキノコの植物画を描いています。その執着心はただならず、ついには胞子の培養を始め、「ハラタケ科菌類の胞子の発芽について」と題する論文まで執筆しました。この論文は、1897年4月1日にロンドン・リンネ協会で発表されました。研究自体は学会では認められなかった（女性だからという理由だったことは疑いありません）ものの、ビアトリクスの描いたキノコの絵は非常に正確で、現在でも教科書の図版に使用されているほどです。

上 アオガラのスケッチ

博物学者の執着

ビアトリクスは飽きることなく、手に入れた物や動物をひとつ残さず描画し、鳥の卵や蝶、花、昆虫や化石の観察記録を手帳に書き込みました。また、ペットの動物たちをさまざまな角度からとらえた、美しく詳細な水彩画を描きました。成長すると、今度はしばしば自然史博物館を訪れました。家から徒歩数分の距離にあるため、大人の同伴なしで行くことを許された数少ない場所のひとつだったのです。朝のうちによくここを訪れては、展示品の写生に没頭しました。

初めての出版

1890年に、24歳のビアトリクスは、いくらかでもお金を稼ぐことができたらという期待に胸をふくらませ、弟からも励まされて、いくつかの出版社に数点のデザインを送ってみました。

グリーティングカード

「バートラムがいなかったら生来の怠慢な性格に打ち勝つこともなかったでしょうから、彼には実に感謝しています」と、ビアトリクスは日記に書いています。ウサギのベンジャミン・バウンサーをモデルにして、グリーティングカード用に6点の図案を制作し、出版社5社に送った時のことでした。そのうちの1社、ヒルデスハイマー・アンド・フォークナーからすぐに、6ポンドの小切手を同封した回答が届き、もっと図案を送ってほしいと要請されました。最初に送った図案は、1890年のクリスマスとニューイヤーのカードになって印刷され、続いてネズミやモルモットを描いた図案も採用されました。

A happy New Year to you.

『ピーターラビットのおはなし』

「ノエルくん、何を書き送ればよいかわからないので、4ひきの小さなウサギのお話をしましょう。名前はフロプシーにモプシーにカトンテールにピーターといいました」。ビアトリクスの最後の家庭教師アニー・ムーアの長男、ノエルという名の5歳の少年に、ビアトリクスが1893年9月4日に送った手紙の書き出しです。その時は、これがのちに代表作『ピーターラビットのおはなし』の下敷きになるとは、ビアトリクス自身も思いもしなかったでしょう。

アニーはビアトリクスとあまり歳が離れていなかったこともあり、ふたりはボルトン・ガーデンズでともに暮らすうちに、強いきずなで結ばれるようになりました。1886年にアニーが結婚のため家庭教師を辞めると言った時には、ビアトリクスは悲嘆に暮れました。しかし、アニーの住まいはボルトン・ガーデンズからほど近いベイズウォーターにあったので、ビアトリクスはしばしばアニーを訪れ、次第に増えるアニーの子どもたちに囲まれて楽しく過ごしました。休暇で離れている時も、ビアトリクスは一家と連絡を取り合い、子どもたちに挿絵入りの手紙を送りました。

ある日、ビアトリクスはノエルに宛てた手紙が本の題材にうってつけではないかと思い付き、送った手紙を借りて書き写し、今度は練習帳に物語を書き直して挿絵をつけました。しかし、原稿を6社の出版社に送ったものの、どこも興味を示しませんでした。それでもビアトリクスはあきらめず、この絵本を自費出版することに決めました。そうして1901年12月16日に、『ピーターラビットのおはなし』250部が印刷されました。できた本は大きな人気を博し、1902年2月にはさらに200部が印刷されました。

一方で、出版社のフレデリック・ウォーン社がこの本に興味を示し、ビアトリクスに、カラーの挿絵を描いてくれれば出版しようと持ちかけました。ビアトリクスはこれに応じ、1902年10月には初の商業出版が実現しました。その後2年間で、この本の売り上げは5万部にも達しました。36歳のビアトリクスは、売れっ子作家になったのです。

左 「しあわせな2匹」。1890年にヒルデスハイマー・アンド・フォークナー社が発売した、ビアトリクスの最初のグリーティングカードの1枚

右 25歳のビアトリクス・ポターとペットのベンジャミン・H・バウンサー。1891年に父親が撮影

「物語の書き出しの言葉を書くのは、なんとも言えない気持ち良さがあります。そこからお話がどんな道をたどることになるのか、自分でもはっきりとはわからないものですから」

小さな本

『ピーターラビットのおはなし』は、「小さな本」シリーズ23冊の第1冊目となりました。ウォーン社がその全作を出版しています。シリーズの多くで、ピーターラビットやベンジャミンバニー、ティギーウィンクルおばさんなど、ビアトリクス自身のペットが登場しており、ストーリーも、自分の体験や観察に直接もとづいていました。ビアトリクスは友人への手紙で、「最初の数冊は実在の子どもたちのために書いたお話で、ペンとインクでざっと書いた絵手紙でした。その後は、正直に告白すると、これらの小さな絵のほとんどが、自分自身の楽しみのために描いたものです」

Eastwood Dunkeld
Sep 4. 93

My dear Noel,
*   I don't know what to write to you, so I shall tell you a story about four little rabbits, whose names were —*

Flopsy, Mopsy, Cottontail and Peter

They lived with their mother in a sand bank, under the root of a big fir tree.

上 ビアトリクスからノエル・ムーアへ宛てたこの絵手紙が、『ピーターラビットのおはなし』の下敷きになりました

湖水地方と恋に
落ちて

ダルギーズ・ハウスを借りることができなくなると、ポター一家は代わりに湖水地方で休暇を過ごすようになりました。夏を重ねるごとにますます、ビアトリクスはこの地方の魅力に心を奪われていきます。

湖のほとりの家

ポター一家が初めてレイ城を借りたのは、ビアトリクスが16歳の時でした。ゴシック様式を模したこの大きな館は、ウィンダミア湖のほとりにありました。その後20年間にわたって、一家は湖水地方の魅力的な家の数々で夏を過ごしました。ウィンダミア湖を一望にできるホールハード、エスウェイト湖とコニストン丘陵を見晴らすレイクフィールド。そしてビアトリクスのお気に入りだったリングホルムは、ダーウェントウォーター湖畔にあり、近くの森はキタリスでいっぱいでした。

ソーリーとの出会い

1896年7月、ポター家は初めてニア・ソーリー村の近くにある邸宅レイクフィールドに滞在しました。30歳のビアトリクスはこの村のとりこになり、後にこの地に居を定めることになります。「今まで住んだ中でも最も非の打ちどころのない場所で、村の住民もとてもすばらしい昔気質の人たちです」と、その年の日記に書いています。ビアトリクスは、村を去る時の悲しみをこう記しています。「中でもいちばんセンチメンタルな場面は、農場の素晴らしいコリー犬、ドンとの別れだったかもしれません。夕闇迫る頃、ピーターラビットをかごに入れている時にやってきて、私を泥だらけにしました。ドンと一緒に厩舎の門まで行くと、ドンはそこで振り返り、脇腹で門が閉じないよう押さえながら、重々しく私と握手しました。それから前足を私の肩に厳かに載せ、私の顔をなめると、農場へと去っていったのです」。それから9年後に、ビアトリクスは、本の印税と叔母のハリエットが残したいくらかの遺産で、ニア・ソーリーにあるヒルトップ農場を買い取ります。

もうひとつの愛

小さな本シリーズがベストセラーの常連になると、ビアトリクスは編集者ノーマン・ウォーンと親交を温めるようになりました。ビアトリクスの作品を賞賛し、日々彼女を支えるノーマンの心に、次第に愛が芽生えます。ふたりは毎日のように手紙を交わし、ビアトリクスはしばしばノーマンの事務所やベッドフォード・スクウェアにあるウォーン家を訪ねました。1905年7月25日、ノーマンはビアトリクスに求婚します。ビアトリクスは大喜びで、両親の反対も聞かず、すぐに求婚を受け入れました。しかし、ふたりの婚約からたった数日後、ノーマンは病に倒れ、8月25日に37歳の若さで亡くなります。白血病でした。ビアトリクスは悲嘆に打ちひしがれました。

上 ビアトリクスと弟バートラム。レイ城で1894年または1895年に父親が撮影した写真

左 ポター一家。1882年、レイ城にて

インスピレーション

レイの牧師で湖水地方の保護を頑強に訴えたハードウィック・ローンズリー司祭は、ビアトリクスに大きな影響を与えました。ポター家が湖水地方で休暇を過ごすようになると、ローンズリー司祭は親友となりました。当時司祭は湖水地方保護協会の設立に関わっていました。後のナショナル・トラストの前身です。湖水地方独特の暮らしぶりを守りたいという司祭の望みは、若いビアトリクスの心にも同じ思いの種をまきました。また、司祭はビアトリクスの美術の才能や植物学への関心に敬服し、励ましました。

「田園地方の爽やかな美しさに、田園地方で生まれ育った子どもより町の子どもの方が、敏感に感動することもあります。弟と私はロンドンで生まれました……しかし私たちが故郷と思い、関心を持ち、喜びを得たのは、北の山野でした」

ヒルトップ
に住んで

「長生きはしなかったけれど、彼は充実した、世のためになる、幸せな一生を送りました。私も来年からは新しい一歩を踏み出さなくては」と、ビアトリクスはノーマンの妹で友人のミリー・ウォーンへ宛てて、ノーマンの死からほどなく送った書簡に書いています。ヒルトップはこの新しい一歩の象徴になりました。ビアトリクスにとって、ヒルトップはノーマンの死を悼み、ゆっくりと悲しみを癒やすことができる、安らぎの場所になったのです。

この13.5ヘクタールの農場には、17世紀に建てられた家といくつかの農舎、果樹園があり、ビアトリクスはここで長らく幸せに過ごしました。出版社との仕事の打ち合わせや、老いるにつれて要求が多くなってきた両親の世話でロンドンに長期滞在しなければならないことも多かったとはいえ、ビアトリクスは時間があればできる限りヒルトップに行きました。彼女にとって、山々の美しさに囲まれ、働き者で正直な農村の人々の間で過ごすことができるヒルトップが、本当に過ごしたい場所だったのです。

ビアトリクスは、ヒルトップの農場管理人として雇ったジョン・キャノンと農場経営の実際的な話をするのを楽しみ、また庭のデザインも考え始めました。農場を広げてファームハウスを増築すれば、自分とキャノン一家の両方がここで暮らすことができると、計画を練りました。愛する男性を失ったビアトリクスは、代わりに彼女が世界中で最も深く愛することになる土地と出会ったのです。ビアトリクスは湖水地方、その田園風景や村々の建物、農場や農地のとりこになり、その保護に自分も力を貸せないかと考え始めました。

下 ビアトリクスが1905年当時のヒルトップを描いた、未完成のスケッチ

右 「ジンジャーとピクルズや」の店の窓を覗きこむ、こねこのトムとモペットとミトン

創作の最盛期

「もしビアトリクス・ポターが詩人だったら、ヒルトップを購入してからの8年間が彼女にとって詩作の黄金期と言えただろう」と、マーガレット・レインは書いています。この時期にビアトリクスは、1906年夏に出版された『ジェレミー・フィッシャーどんのおはなし』を皮切りに、計13冊の本を上梓しています。

　ヒルトップとニア・ソーリーはポターの作品の舞台として理想的な場所でした。「小さな本」シリーズの少なくとも5冊は、この地にゆかりがあります。『あひるのジマイマのおはなし』は農場を舞台にしており、キャノン夫人と子どもたちが登場します。また、『こねこのトムのおはなし』と『ひげのサムエルのおはなし』には、ヒルトップの家と庭が使われています。そしてビアトリクスは『「ジンジャーとピクルズや」のおはなし』と『パイがふたつあったおはなし』で、ニア・ソーリー村の魅力を描いています。彼女のインスピレーションの源になった場所や建物の多くは、今日でも見ることができます。

「『ジンジャーとピクルズや』の本が出て、面白いことになっています。地元の人ならすぐわかる村の風景がたくさん出てくるのが［村の住民に］好評で、近所の家やネコが本に使われているのを見て、お互いに妬み合ったりしているのです」

上　『こねこのトムのおはなし』のパドルダックさん一家

「非の打ちどころが
ない土地」ソーリー

上 ニア・ソーリー

かわいらしいホークスヘッドの町から3キロほどのところにあるソーリー村は、ニア・ソーリーとファー・ソーリーというふたつの集落で成り立っており、湖水地方の田舎と聞いてイメージするようなドラマチックな風景とは縁のないところです。

谷間に位置し、なだらかな丘に広がる農地に囲まれたソーリーは、周辺地域からは隔離されていますが、同時に広大な眺望にも恵まれ、エスウェイト湖とその向こうのコニストン丘陵、そしてさらに彼方のラングデールの雄大な山並みまで見渡すことができます。絵に描いたような白壁のコテージが並ぶ道に、なんとなく見覚えのあるような印象を受けるかもしれません。そして、ビアトリクスの本の中で出会ったことのある風景だ、と気づくでしょう。

ニア・ソーリー近辺を歩く

ニア・ソーリーの村を通ると、ビアトリクス・ポターゆかりの場所がいくつも見られます。村を通るメイン・ルート沿いには、『ひげのサムエルのおはなし』に登場するアンヴィル・コテージがあります。サムエルとアナ・マライアがバレイショさんの納屋に向かってストーニー・レーンの道を走っていく場面は、この場所を描いています。お百姓のバレイショさんというキャラクターはヒルトップの隣の農場の主をモデルにしており、ビアトリクスとこの人物の間には、何度も揉めごとがありました。『ひげのサムエルのおはなし』でネズミをすべてバレイショさんの納屋に引っ越しさせてしまったのは、作品を通した復讐だったというわけです。

ストーニー・レーンの角にあるメドウクラフトという名の古いお店は、『「ジンジャーとピクルズや」のおはなし』の舞台です。また、道を挟んだところにある郵便ポストは、1929年に出版された『ピーターラビットのアルマナック』で、ピーターがバレンタインカードを投函している場面に出てきます。その隣の家「バックル・イート」は、『こねこのトムのおはなし』でパドルダックさん一行が通り過ぎる建物です。『パイがふたつあったおはなし』で登場するお上品な小犬ダッチェスは、ネコのリビーから来たお茶会の招待状をこのかわいらしいコテージの前で受け取っています。そして、現在はナショナル・トラストの借受人にパブとして経営されているタワーバンク・アームズは、『あひるのジマイマのおはなし』に描かれています。

左 『ひげのサムエルのおはなし』でサムエルとアナ・マライアが走っていくストーニー・レーン

下 『あひるのジマイマのおはなし』に描かれたタワーバンク・アームズ

パブを通りすぎてヒルトップの近くまで歩いて行くと、左手にカースル・コテージが見えてきます。ビアトリクスはこの大きな白壁の農家を1909年に買い取っており、1913年に地元の弁護士ウィリアム・ヒーリスと結婚すると、この家に住みました。なぜヒルトップに住まなかったのかというと、せっかく時間をかけてヒルトップを自分の好みどおりの住まいに仕上げたので、ウィリアムがその環境に無理に馴染むよう強いるよりは、夫婦で住む場所を新しく作ることにしたのです。そしてカースル・コテージを増築して、右側に大きな棟を追加しました。ヒルトップは、結婚後もビアトリクスだけの領域でした。結婚してカースル・コテージで暮らすようになってからも毎日のようにヒルトップに通い、畑を通り抜け、道をたどり、こねこのトムの門を通って庭に行ったのです。

静かな場所で

短い坂道を登っていくと、モス・エクルス・ターンという小さな湖にたどり着きます。ビアトリクスとウィリアムは、夏の夕方をこの湖でボートを漕いで過ごしたものです。ビアトリクスはカースル・コテージを買った際にこの湖も購入し、その後スイレンを植えました。ビアトリクスのスイレンは今もモス・エクルス・ターンを飾っています。

「ウィリアムと一緒に、暗くなるまで魚を釣り（私は少なくともボートを漕ぎました）、11時頃に坂道を下って戻りました。ターンではそよとも風が吹かず、とてもすてきでした」

ビアトリクス
の庭

自然を愛し、素朴な田舎風のスタイルに美を見出すビアトリクスにとって、庭は自分らしさを表現できる格好のキャンバスでした。

ヒルトップを購入するまで庭づくりの経験はほぼ皆無だったとはいえ、ビアトリクスは幼い頃からいつも庭に関心を持っていました。たった8歳の時にダルギーズで庭のスケッチを描いており、また小さく囲ったスペースに植物を並べて世話する「庭ごっこ」も好きでした。10歳になる頃には、キツネノテブクロやセンノウ、スイセンやランなどを描き、10歳の子どもの絵とは思えない技術の高さを見せています。

　成長してからも、訪れたさまざまな庭から刺激を得ており、特にウェールズのグウェイニノッグにある叔父の庭がお気に入りでした。1903年に初めて見た時、ビアトリクスは日記に「いろいろなものが育つけれど、整然とした美しい庭ではなく、フサスグリの木に混じって昔ながらの鮮やかな色の花が顔を出している、そんな庭でした」と書いています。歴史研究家は、ヒルトップにビアトリクスが作った庭と、この描写がよく似ていると指摘しています。

「今日はいくらかでもスケッチを描くか、それとも庭いじりで丸一日を無駄にしてしまうのでしょうか」

右 家に向かう道をから見える、コテージガーデンの典型的な眺め

反対ページ　長い花壇をふちどる格子柵にからんだ、色とりどりのつるバラ

「私の庭は弱肉強食の世界です ─ いつも花や雑草でいっぱいで、今はこぼれ種で広がったスノードロップのカーペット、春が来ればスイセンが咲き乱れます。掘り返そうと思っても、地面がぬかるんでいたり、ちょうど良い時期に忙しすぎたり ─ だから、株分けしなくてはならなくなるまで、植物を放ったらかしてしまうことになります……」

コテージスタイルの庭

ヒルトップに移ってからたった1年のうちに、ビアトリクスは2,000平方メートルほどの小さな区画のレイアウトをデザインして実行に移し、コテージガーデン定番の花々を植え始めていました。この庭には現在も、インフォーマルで雑然としたビアトリクスのガーデニングスタイルと、バラやギンセンソウ、タチアオイ、ユキノシタ、クサキョウチクトウなど、昔ながらの草花にビアトリクスが寄せた愛情が反映されています。ビアトリクス本人と同様、この庭もまったく気取るところがありません。果樹や野菜が多年生の草花や花木と一緒に植えられ、実用性と美しさが心地よく同居しています。形式ばらない、自然がもたらす偶然の美が、ビアトリクスにとっては何よりの魅力でした。今も、この庭を散策すると、ビアトリクスの精神がそこここに息づいているのが感じられます。

ビアトリクス
の創造した庭

ビアトリクスが買い取った時のヒルトップには、庭と呼べるようなものはありませんでした。家の表口の前を通って農地に続く道を隔てた向こうに、小さな菜園があるだけでした。

庭にするスペースを広げるため、ビアトリクスはまず農道を家から離しました。次に、今ではすっかり有名になった、家まで続く石敷きの小道を、ブラセー産スレート（粘板岩）で作り、長い塀を築いて庭と隣のタワーバンク・アームズの境界を仕切りました。

　ビアトリクスの新しい庭は、4つの主要エリアに分けられていました。以前からある菜園、広い放牧場、小さな果樹園、そして新しく作った小道の両側に長く続く、幅の広い花壇です。ビアトリクスの時代に降盛を見たアーツ・アンド・クラフツ運動の精神に沿って、塀や縁取りは地元の材料を使って作られました。花壇の終わりと果樹園との境界には長い格子柵が作られ、1906年夏までには花壇に植物を植える準備が整いました。

近所の住人は、喜んでビアトリクスに手を貸しました。「植物を分けてあげましょうという申し出を山のように受けています」と、1906年9月にビアトリクスは書いています。また、おすそ分けがないときには、自分で取りに行ってしまうこともありました。

　しかしビアトリクスがお金を払って買った植物もありました。大好きなライラックやシャクナゲなど大きな木や灌木が中心で、ウィンダミアにある育苗園から購入しています。また、古い果樹園にはすでにリンゴやナシ、スモモなどがありましたが、ビアトリクスはそこにさらに果樹を植えました。

有機的な成長

ビアトリクスの庭は、年月が経つにつれて、慎重な計画と偶然の両方によって進化していきました。ビアトリクスは、ハゴロモグサやウェルシュ・ポピー、キツネノテブクロ、オダマキなどこぼれ種で増える草花が、種の落ちた場所から芽を吹いて自由に広がるにまかせました。石壁の割れ目に根付いたシダやヤネバンダイソウも、そのままにしました。「花々もこの家が大好きで、中に入って来ようとするのです」と、ビアトリクスは『妖精のキャラバン』の初期の草稿に書いています。「黄金色の花をつけたセイヨウオトギリソウはポーチの敷石の間から頭を出し……ヤネバンダイソウは窓枠や窓台に沿って育っています。フジが壁をよじ登り、カザグルマが吐水口のカバーを詰まらせます」。植物が自由奔放に咲き乱れる、コテージガーデンの究極の姿だったと言えるでしょう。

「サタスウェイト夫人は、盗んだ植物は必ず根付くと言います。私は昨日、ギンセンソウを何株か"盗み"ました。だって、誰かが庭仕事で出たゴミの山に捨てて燃やそうとしていたんですから！村の家のほとんどの庭から何かしらいただいています」

in course of putting
in the apple trees !!
interesting performance
scoop ... manure heap ... y...
more to be had tons
rain ; it does not sow
The apples on the o...
a very good cookers, w...

実践的な庭師

ビアトリクスは庭師を雇っていましたが、彼女が手紙に描いたこの小さな自画像スケッチからもわかるように、自分でも積極的に庭仕事をしていました。ヒルトップを買って1年目には、「すっかり庭づくりに夢中に」なって、植物のほとんどを自分で植えています。「ディプナルさんからもらったユリを、砂と古い漆喰、泥炭を混ぜた培養土に注意深く植えました。真っ黒な泥炭質の土がいくらでも手に入るので、ユリはよく育つはずです」と、1906年10月にミリー・ウォーンに宛てて書き送り、新たに得た園芸の知識を披露しています。ビアトリクスは肉体労働にも臆することなく、暑すぎる日にはダイオウの葉を頭に被って日除けにすることもありました。

反対ページ 家の正面と菜園を隔てるスレート（粘板岩）塀に沿って、ハゴロモグサ（*Alchemilla mollis*）とシダが自由に茂っています

左 甘い香りを漂わせる白花のシナフジ（*Wisteria sinensis 'Alba'*）が家を覆い、その下にはオダマキが群生しています

庭の復元

ナショナル・トラストが1980年代にビアトリクスの庭の復元作業を開始した時、全体的な構造はそのまま残っていましたが、ビアトリクスが植えた植物はほとんどなくなっていました。

ヒルトップの復元チームにとって、庭の古い写真やビアトリクスの書簡、小さな本シリーズの挿絵などが、貴重な情報源になりました。もともとビアトリクスが庭を作った時と同じく、復元作業も見取り図に従って厳密に進める方法はとりませんでした。時間をかけて自然に形を作っていくというアプローチで、ビアトリクスの精神を尊重し、当時の見た目を再現した、本物らしいビアトリクスの庭ができました。

25年以上にわたってヒルトップで庭師を務めるピート・タスカーにとって、ルパート・ポターの写真は、ビアトリクスがどんな植物を育てたのか理解するための重要な鍵になりました。「私たちの狙いは、ビアトリクス・ポターがここに住んでいた時の庭の姿を再現することでした」とピートは言います。「ビアトリクスの時代に手に入らなかった植物は一切使っていません。現在庭にある植物の約90%が、歴史的に正しい品種です」

そこここに雑草が生えていたり、木がきちんと剪定されていなかったりするのも、ビアトリクスが積極的に取り入れたコテージガーデン・スタイルに、ピートが忠実に従っているためです。ヒルトップの庭

上、左、右
トラストのスタッフは、1912年頃にルパート・ポターが撮影したこれらの写真を使って、庭の復元を進めました

は展覧会の見本庭園ではありません。ビアトリクス自身が世話をしていた時と変わらない、家庭的で訪れる者を温かく迎えてくれる空間なのです。

今日の課題

庭を訪れる人にとって、ウサギの姿は大歓迎ですが、いわばヒルトップのマグレガーさんともいうべきピートにとっては、庭の植物への被害を最小限に抑えるため、常に見張らなくてはならない存在です。庭への訪問者の増加も課題で、混雑に対処するため、格子柵の裏に新しく2本目の小道が追加されました。

庭について伝える手紙

ビアトリクスは1906年に、親友のミリー・ウォーンに宛ててたくさんの手紙を書き、庭づくりの進行状況を熱心に伝えています。

「今日は一日中植え付け作業にかかりきりでした。角のコテージに住むテイラー夫人からユキノシタをいただいたのです ― 親切でくださったものとは言え、ちょっと間の悪い贈り物ではありました」

「渡し場への道の途中に石切り工が住んでいるのですが、その庭のクサキョウチクトウが実に見事なのです。 ローレルの木がまだ小さいうちは、ローレルの間に植え付けたらきっとすてきでしょう。ツツジの間にはユリを植えるつもりです」

「岩生植物の挿し木苗を庭の塀の上に植え付けるのに大忙しでした」

「リンゴの木に液肥をやる作業中です！！柄の長いひしゃくを使って作業するのですが、なかなか見ものですよ。古い木に実ったリンゴは、今日の食事で料理に使いましたが、とても美味しいとわかりました」

「このあたりに何千とある野生のスイセンの球根を、少し集めてこようと思っています。ウィンダミアの辺りにはたくさん咲いているのに、私の果樹園にはひとつもないのです」

「ウィンダミアに住む老婦人を訪ねましたが、厚かましくも大きなかごと移植ごてを持参していきました……。恥も外聞もなく、手いっぱいにすてきなものを持ち帰りました。中にはラベンダーの若木もひと束あって、もしうまく根付けば、ラベンダーの垣根を作るのに十分な数です。それからスミレの吸枝もひと束。こちらは果樹園にいくつか植えるつもりです。ウィンダミアに住むいとこが、植物の根株をかごいっぱい送ってくれました。あまりいいものではありませんが、灌木の茂みの間に植えるのにちょうどよさそうですし、中にはシュウメイギクやナデシコなど、すてきな植物もありました」

今日の庭

ヒルトップの庭は、春から晩夏にかけて花盛りになりますが、どの季節に訪れても目を楽しませてくれるものがあります。

ボーダー花壇

長く続く花壇は、幅も最大で3.6メートルと広く、コテージガーデン伝統のさまざまな植物が混ぜ植えされ、美しい効果を作り出します。春にはハゴロモグサ（*Alchemilla mollis*）が青リンゴ色の扇型の葉を広げ、アイリスやオダマキ、ワスレナグサ、フウロソウ、ギンセンソウなどが花を咲かせます。夏には黄色いオカトラノオやサボンソウ（*Saponaria officinalis*）、アワモリソウ（アスチルベ）、ハアザミ、クサキョウチクトウ、シャスタ・デイジー（*Leucanthemum superbum*）などが、バラやスグリの木、マメや円錐形の支柱に絡まるスイートピーなどに混じって咲き乱れます。秋にはシオン、シュウメイギク、バラの実、カボチャなどが、心温まる色の饗宴を繰り広げます。冬の間、特に霜の降りた日には、ギンセンソウの繊細な花殻や多年草の実が庭を美しく飾り、パブの壁をつたうヤマブドウ（*Vitis coignetiae*）の燃え立つようなオレンジや赤に染まった紅葉もみごとです。

家の周囲

戸口の脇にある赤いボケの木は、早春に何よりも早く花を開きます。続いてツツジとシャクナゲがピンクや黄色、オレンジの色鮮やかな花をつけ、ライラックとシャクヤクも加わります。春には家の壁が薄桃色のクレマチス・モンタナ「エリザベス」の花で覆い尽くされ、続いて白いシナフジの花が、濃厚な香りを漂わせます。夏の間は、大きな濃いピンク色の花をつけるツルバラ（「マダム・イザーク・ペレール」と思われる）と、水色のクレマチス「ペルル・ダ・ジュール」が彩りの主役になり、黄色いセイヨウオトギリソウが家の軒下にうずくまるように咲いて色を添えます。晩夏から秋にかけては、ピンクや白のシュウメイギクが目を引きます。

「このコテージはすき間もないほどバラで埋め尽くされていて、雨が降るとその重みで、ポーチや扉を覆うようにしなだれます」

上 夏の盛りの庭

右 秋のギンセンソウ
（*Lunaria annua*）
の花殻

左 5月の庭に咲くツツジ

果樹園

かつての放牧場も含む果樹園には、ビアトリクス自身が植えたのかもしれない古いブラムリー種のリンゴの木があり、今も実をつけて、晩秋から冬にかけて羊や鳥が食べに来ます。冬にはスノードロップが咲き、野生のスイセンと春の花のカーペットがそれに続きます。

菜園

家の正面にあるかわいらしい緑色の門の向こうには、小さな菜園が見えます。ここでは、弱酸性の土壌と雨の多い気候にもかかわらず、4つの菜園床でエンドウマメ、ジャガイモ、ハツカダイコン、キャベツ、レタスなどが採れる他、ラズベリーやスグリ、イチゴも実ります。ジマイマ・パドルダックが卵を隠そうとしたことで有名なダイオウの畑は、門越しに見て右手にあります。木でできた蜂の巣箱が養蜂棚に置いてあるのも、ビアトリクスの時代とまったく変わらず、野菜の間にはマグレガーさんを記念して、庭仕事の道具が並べてあります。

農場

ビアトリクスが1905年にヒルトップを買い取った時、農場を管理していたのはジョン・キャノンで、妻や子どもたちと一緒に農場に住んでいました。ビアトリクスは、ヒルトップを現役の農場として経営できるよう、キャノン一家にここに住み続けてほしいと思い、買ったばかりの家を増築することにしました。

ビアトリクスは、湖水地方の建物を観察してデザインのベースに使い、2階建の増築棟の図面をスケッチしました。図面ができ上がると、地元の職人を雇って、早速工事にかからせました。どんな建物にしたいのかはっきりした考えを持っていたビアトリクスは、注文の多い客でした。「配管工とけっこうな口論をしました。というか、すっかりかんしゃくの緒が切れてしまったのです。これまでの職人たちはとても良くやってくれました。ですから、ご婦人からの命令は聞かないというなら、お払い箱にしてケンダルから別の者を呼ぼうかと思います」

　1906年が終わる頃にはファームハウス新棟が完成し、ドアの上には竣工年を記した銘板が取り付けられています。全体を灰色の小石打ち込み仕上げで覆われたヒルトップの建物は、外から見ると最初から一体だったようにしか見えませんが、これもデザイナーとしてのビアトリクスの技術を示すもので、また彼女が湖水地方特有の建築様式にどれだけ敬意を払っていたかがわかります。

農場主見習い

ビアトリクスがファームハウスの旧棟に引っ越すと、キャノン一家は新棟に落ち着きました。農場の家畜の数は年を経るに従って増え、ビアトリクスは動物の世話をするのが好きでした。中でもとりわけお気に入りになり、洗礼して名前をつけてしまった動物までいました。1907年の夏には、ハードウィック種の羊16頭、牛6頭（そのうちの1頭は、キッチンと名付けられた乳牛）、豚、鶏がヒルトップにいました。

　ビアトリクスの飲み込みは早く、あっという間に病気の動物の手当てもするようになり、ハードウィック種に詳しい専門家になりました。こうした仕事の成果が、のちに大きな農場を購入するようになった時に役立ちました（46〜47ページ参照）。

現役の農場

ヒルトップは今も現役の農場です。農場を運営するガリー・ディクソンは、25年以上もここで農業を行ってきました。「ここにある伝統的な農舎は、どれも現役で使用されています」とガリーは言います。「高原牧畜農場ではないので、飼育している羊のうちハードウィック種は少数なのですが、羊の品種の中でも、ハードウィックが最も丈夫で手間がかからないことがわかりました」

左 ヒルトップ農場のファームハウス。戸口の上の銘板に、ビアトリクスが増築棟の竣工年である1906の数字を入れています

ビアトリクスの家を訪ねて

ヒルトップには、ビアトリクスが集めた私的な宝物が詰まっています。絵画や家具、骨董品のすべてが、相続したもの、自分で買ったものを問わず、ビアトリクスにとって何らかの意味や思いを秘めていました。

風変わりで遊び心があり、居心地が良くて飾らない — ビアトリクスがヒルトップに求めていたのはそんな家でした。年月を重ねるにつれて、ヒルトップは、ビアトリクスが好きな物を好きなように並べる「珍品の飾り棚」、「特大の人形の家」となりました。ビアトリクスは遺言で、ヒルトップを貸さず、中の家具調度をそのまま残しておくようにと指定しました。今日もビアトリクスの時代と変わらないインテリアが、この遺志を反映しています。

多彩なコレクション

ビアトリクスは熱心な収集家で、生涯を通じてヒルトップに並べるものを増やしていきました。真鍮製の馬装具飾りやドアノッカーから手彫りの象牙細工やスタフォードシャー陶器まで、先祖伝来の家宝と骨董品が一緒に飾られました。民芸作家の無名作品やレイトン卿の大作、絵本画家ランドルフ・コールデコットの作品と並べて、自身の絵や弟バートラムの絵も壁に飾りました。ビアトリクスにとって、物の価値はその価格ではなく、どれだけ思い入れがあるかによって決まるものだったのです。

右 寝室から階段上にかけての眺め

非の打ちどころがない背景

ヒルトップは17世紀末湖水地方の典型的な農家建築です。18世紀には階段の棟が増築され、さらに19世紀の改築で、上げ下げ窓とスレート敷きのポーチが追加されました。「新しい部屋」(44ページ参照)を除き、どの部屋も比較的小さく、親密な雰囲気を作り出しており、全体に明かりが弱いことも、その印象を強めています。ビアトリクスはヒルトップを体にぴったりと合った暖かい外套に例えています。どちらも心地よくて気持ちがほっこりするというわけです。

結婚してカースル・コテージで暮らすようになってからも、ヒルトップはビアトリクスにとって安らげる隠れ家でした。ビアトリクスはよく「古い家がさびしくないよう、付き添いに行ってきますね」と言ったものです。ほとんど毎日のようにヒルトップに出かけました。そこでいったい何をしていたのか、今では知るすべがありませんが、執筆や作画をヒルトップで行っていたことは確かです。また、静かで落ち着いた家の中で時計の音を聞くのが好きだったこともわかっていて、時計の音は家の「心臓の鼓動」だと述べています。

「この家はいつまでもビアトリクス・ポターの家であり続けるでしょう。そして、彼女がここに持ち込んだ風変わりな特徴の多くが残っていなければ、真にビアトリクス・ポターの家だということはできないのです。彼女はかわいらしいもの、素朴なもの、奇妙なものを愛しました。ヒルトップで彼女が求めたのは、こうしたものすべてを置くことができる家でした」

1944年に1年間ヒルトップで暮らした
エセル・ハートレイの言葉

意味あるものたち

物には象徴的な価値があるというビアトリクスの信念は、アーツ・アンド・クラフツ運動の哲学を反映したものです。アーツ・アンド・クラフツ運動の父ウィリアム・モリスと同じく、ビアトリクスも、手作りの品には、機械で製造された物にはない飾らない魅力が宿っていると考えていました。古い湖水地方様式の家具を愛し、ヒルトップにも数点を置いていて、こうした家具が「先祖代々置かれていた家から引き離されてしまっている」ことを嘆きました。

玄関ホール

表口から中に入ると、すぐに玄関ホールのこぢんまりとして居心地の良い雰囲気に包まれます。ここは家の心臓部で、湖水地方の農夫たちはこの空間を「ファイアハウス」、「ハウスプレース」などと呼んでいました。ビアトリクスはここを玄関ホールと呼んでおり、彼女の中流階級の育ちが表れています。

第一印象

ヒルトップを訪れる人はよく、この家は薄暗いとコメントします。ビアトリクスは、昼間には窓から入る光だけを頼りとしたはずで、夜には1本のろうそくかオイルランプひとつに火をともし、必要であればそれを持って移動しました。ほのかな明りによって居心地よい雰囲気が生まれ、また光と影が面白い効果を生み出して、調度品の特徴、特に家具の光沢に注意を引きます。

　ストーブの実用美、オーク材の家具やイグサ編みの椅子、紡ぎ車が持つ田舎風の魅力、荒削りの石敷きの床、端切れを集めて作ったラグマットなど、どこを見ても素朴さが印象的です。ビアトリクスがヒルトップを購入してすぐに壁や天井に貼った壁紙さえ、典型的な農家のインテリアで使われるものです。

主な調度品

彫刻が施されたオーク材の戸棚は湖水地方独特の家具で、ビアトリクスにとって特にお気に入りの品でした。1667年に作られたもので、ビアトリクスはこれを、ある農場で開かれたオークションで落札しました。この戸棚や他の湖水地方様式の家具の絵を描き、スケッチにコメントをつけています。「全体にとても簡素なデザインですが、中央の部分はパネルが取り付けられ、美しく彫刻されています」。アメリカの文通相手に湖水地方家具のモチーフについて説明したビアトリクスは、「私の見解では、このデザインを彫刻した職人は、ルーン文字の結び目模様を模倣したのだと思います」と言っています。ビアトリクスは古い家具に強い関心を寄せ、この分野に関してはなかなか詳しい専門家になりました。

戸棚の上に飾られた皿には、ビアトリクスの父がデザインした鳥や動物の図案が描かれています。ボルトン・ガーデンズの家の子ども部屋に飾られていたもので、ビアトリクスはおそらくこれに触発されて、14歳の時に陶器の表面に転写絵付けする技法に挑戦しています。奥の壁に寄せて置かれた食器棚には、この実験の成果である、ウサギを繊細に描いた2つの鍋敷きが飾られています。

小さな本から

玄関ホールは ── そしてヒルトップの他の部屋も ── 『ひげのサムエルのおはなし』のいくつかの場面に登場します。ねこのリビーは、いとこのタビタからイーストを借りようとやってきて、入り口に立ちます。ふたりは端切れのラグマットが敷かれたストーブの前に座ります。ねずみのアナ・マライアは、ねり粉を盗んで戸棚の前を走り去ります。そしてこねこのトムは、おかあさんから逃げようと、ストーブの煙突の中に飛び込もうとしている姿が描かれています。

応接間

応接間はもともと寝室だった部屋で、ビアトリクスはそれを小さな居間に作り変えました。この部屋は、あまり親しくない訪問者をもてなすのに使われました。友人や家族は、2階の居間に案内するのが常でした。

玄関ホールには田舎風の魅力がありますが、応接間のインテリアはもっと洗練されています。木製のパネルで飾られた壁とよく合う優雅な家具や、新古典様式の大理石のマントルピースからは、ビアトリクスが子ども時代を過ごした家の姿がうかがえます。他にも、シタン材の文箱やマホガニー材の折りたたみ式トランプテーブル、19世紀の額入りシルエット画、隅の戸棚に収められた中国製やイングランド製の磁器などが置かれ、繊細に仕上げられています。

ここですでに、この家が一見したほど単純ではないことが感じられます。ビアトリクスはヒルトップを典型的な湖水地方様式の農家として保存したいと言っていましたが、それでもやはり、自分自身の好みに合わせて変えることは避けようがなく、むしろ意識して変更を行っています。その結果、ビアトリクスは複数のスタイルや影響を取り混ぜた混成の独自スタイルを生み出しています。

田園地方での活動

応接間に飾られた品の中には、ビアトリクスの趣味について特によく伝えるものがあります。マントルピースの上にはスタフォードシャー陶器の猟犬が2匹置かれており、それぞれが口にノウサギをくわえています。当時の農家には狩猟関係の記念品が飾られることが多く、伝記作家マーガレット・レインは「作品の多くに、追跡や狩猟という主題があからさまに出されている」と指摘しています。それにもかかわらず、ビアトリクスは遺言で、彼女が所有するトラウトベック・パークの敷地内では、カワウソを猟犬で狩ることをはっきりと禁止しています。

　ビアトリクスが農業にかけた情熱も、この部屋からうかがうことができます。本棚には羊の育種で獲得したトロフィーや証明書が飾られ、また農業品評会で撮影されたビアトリクスの写真も2枚あります。ビアトリクスは、粗野で無骨な農夫や育種家、牧夫などと羊の育種について話し合うのが好きでした。「ハードウィック育種家協会の会合で議長をしています。私が他の農場主に混じって話しているのを──しかも羊品評会の後に行った酒場で（！）これをやっているのですから、見たらきっと大笑いしますよ」と、ビアトリクスは書いています。亡くなった時、ビアトリクスは協会の次期会長役に選出されていました。

「私の小さなうさぎたち」

この部屋に飾られている草を編んで作ったバッグは、ビアトリクスの本の愛読者だったルイザ・ファーガソンという少女からの贈り物です。たくさんの子どもたちから手紙が届き、ビアトリクスはそれを大切に保管していました。ビアトリクスは幼い読者のことを「小さなうさぎたち」「シリングちゃんたち」と呼んでいました。誰もが作品を読むことができるようにと望んでいたビアトリクスは、どの本も価格を1シリング以下にするよう指定していたのです。

小さな本から
部屋の隅の戸棚に飾られている国王エドワード7世の即位記念のティーポットは、『パイがふたつあったおはなし』に登場します。

「私はいつも安い本を好みます ― たとえ儲けにならなくても。私の小さなお友だちはみなシリングちゃんたちです。高いお金を払って、一度見たらすぐ飽きてしまうようなものを、山ほど子どもに与える現代の風潮には感心しません」

反対ページ ビアトリクスのスタフォードシャー陶器製猟犬が飾られたマントルピース

左 小さなお茶のテーブルを用意した応接間。「フォーマル」な客を迎える際にビアトリクスが使った部屋でした

階段

ビアトリクスはヒルトップの階段を気に入っていました。玄関ホールの中に立つと、窓から入る光が上へ招くように差し込み、途中の踊り場では、つい足を止めて村の眺めを満喫したくなります。

1740年代に、湖水地方では農業の好景気が訪れて、多くの農夫が、家を増築できる資金を手にしました。ヒルトップの立派な屈折階段はこの時期に追加されたもので、それ以前には玄関ホール内に小さならせん階段がありました。大きな窓にはクラウン法の吹きガラスがはめてあり、歪みが光を屈折させるため、オーク材の床板や手すり、手すり子に、波紋のようなパターンを映します。

　窓のそばにある簡素なオーク材のスツールの上には、19世紀のイタリア人彫刻家ピエトロ・マーニの作品『本を読む少女』像のアラバスター模刻像が置かれています。素朴な工芸品と繊細な芸術を組み合わせたこの飾り付けも、ロンドン出身で田園地方の暮らしに身を投じた女性の住まいであることを端的に示しています。ビアトリクスはこのスツールを「棺」椅子と呼び、「そんな名前が付いている理由は、ねずみから守るために棺桶をふたつの椅子の上に載せるという古い風習があるからなんです！」と述べています。ヒルトップをモデルにしたインテリアが多く描かれた『ひげのサムエルのおはなし』が、ねずみだらけの家についての物語であるというのも、偶然ではないかもしれません。

　階段の壁には、不釣り合いなくらい大きな絵画が2枚飾られています。ひとつは17世紀ジェノヴァの画家ジョヴァンニ・カスティリオーネの、『洪水後の感謝の祈り』と題する作品です。もうひとつはトマス・ゲインズバラの『グレアム夫人』の模写です。どちらの絵も、もともとはボルトン・ガーデンズを飾っていたものです。

右 踊り場

階段上

閉じている扉のひとつは、ビアトリクスが暗室として使っていた小さな部屋の入口です。ビアトリクスは父と同じく写真を嗜んでいました。もうひとつの扉の向こうには浴室があり、錫製の浴槽が置かれていたはずです。その近くの狭い廊下にはもうひとつ扉があり、ビアトリクスはここを通って自由にファームハウスに出入りすることができました。キャノン一家にとっては、もしかすると少々迷惑だったかもしれません。ここだけでなく家にはあちこちにたくさんの扉や納戸があり、『ひげのサムエルのおはなし』に登場するタビタ・トウィチットおくさんの家を思い起こさせます。

「このいえは　とてもとてもふるくて、おしいれや　ろうかが　たくさんありました。かべのあつさが　1メートルもあるところがあって、そこからは、よく　きみょうなおとが　きこえてくるのでした。かべのなかに　ひみつのかいだんでもあるようです。おまけに　いたかべには、ぎざぎざした　へんな　小さいあなが　あいていて……」
『ひげのサムエルのおはなし』（石井桃子 訳）

小さな本から

『ひげのサムエルのおはなし』で、息子のトムを探すタビタ・トウィチットの姿が踊り場に描かれています。この本では他にも、ひげのサムエルが階段の下でバターを盗み、階段を上ったところでめん棒を転がしている絵があります（「さかやさんが　さかだるを　ころがすように、りょう手でめん棒をころがしながら　もどってきました。」※）。（※石井桃子訳『ひげのサムエルのおはなし』より）

左　19世紀イタリアの彫刻家ピエトロ・マーニの作品、『本を読む少女』の模刻像

寝室

ビアトリクスがこの部屋で寝ることは少なく、今置かれているベッドはカースル・コテージに引っ越した後に買ったもので、実際にこのベッドを使ったことはありませんでした。

パターンやシンボル

近くの農場から買ったこの17世紀湖水地方製の天蓋付きベッドは、美しく意匠化された彫刻で飾られています。このパターンはビアトリクスの赤と金色で刺繍したベッドカーテンにも反映され、緑のダマスク生地に花形模様が刺繍されています。

　当時の他の女性と同じように、ビアトリクスも針仕事が上手でした。居間ではビアトリクスが使った刺繍枠を見ることができます。

　ベッドカバーのキルトはアメリカのもので、小さなウィンザーチェアもアメリカ製です。この家には他にもアメリカで作られたものがいくつかありますが、どれもホークスヘッド近くのベルマウントという家にあったものです。そこはもともとレベッカ・オーウェンというアメリカ出身の老婦人の家でしたが、のちにビアトリクスの所有に移りました。

「古い四柱ベッドにつける飾りカーテンの刺繍をしています。古いダマスク織の布を使い、金色の古い絹糸で図柄をつけています」

右　有名なウィリアム・モリスの
「ヒナギク」パターンの壁紙を
貼った寝室

湖水地方の家具では、家庭に祝福をもたらすとされるシンボルを彫刻することが一般的で、この部屋に置かれているチェストも同じです。もともとの所有者ならこうしたシンボルを簡単に「解読」することができ、例えばザクロは多産祈願、ブドウのつるは実り、チューリップは富裕を象徴しています。

　ウィリアム・モリスの「ヒナギク」の壁紙はとても人気のあったデザインで、この部屋では特に効果的に使われています。ビアトリクスはヒナギクの壁紙について、「それ自体が装飾的なので、水彩画やプリントを飾る壁の背景には向きませんが、私の四柱ベッドの背景には、これに勝るものがありません」とコメントしています。

　この寝室でビアトリクス個人に最も関連の深い要素は、暖炉の上のまぐさ（横木）と棚で、木製で彫刻が施されています。WHBというイニシャルが刻まれており、ウィリアムが1934年に夫婦の結婚21周年を祝って追加したものです。

上 寝室の湖水地方製チェストのパネル

宝物の部屋

陶器、磁器、宝飾品からビアトリクスの有名キャラクターたちのミニチュアや小さな絵まで、たくさんの骨董品や工芸品などが詰まったこの部屋は、まさに珍品の飾り棚と呼ぶにふさわしいでしょう。

黒檀風に染色された19世紀の戸棚には、じつに多様な品々が取り混ぜて飾られており、中にはビアトリクスが母や祖母から受け継いだものもあります。よく目を凝らしてみると、ビアトリクスの本に登場するキャラクターの青銅製ミニチュア（今でもショップで購入できます）があり、また2つの陶製の置物は、ベンジャミンバニーと『グロースターの仕立て屋』の婦人ねずみです。またここには、ポター家の紋章が入ったディナー食器一式や、コスチュームジュエリー、不揃いの銀器、古い陶器のビー玉、小さな箱類、ウェッジウッドの繊細なジャスパーウェアなどが飾られています。

風変わりな絵

壁のひとつには、19世紀初期の珍しいティンセル画が掛かっています。ティンセル画は白黒のプリントで、通常は俳優や女優が描かれており、金属箔や絵の具、布とセットで売られていました。劇場の観客は、プリントの絵に箔や布を貼り付けて飾り、色付けすれば、観た舞台のドラマの一部をお土産として家に持ち帰ることができるというわけです。ビアトリクスのティンセル画は、ペイン氏という俳優がロビン・フッドを演じているもので、1839年に出版されました。この部屋には他にも、1790年代に描かれた牧歌的な肖像画や、ロイヤル・アカデミー正会員ジョージ・ダンロップ・レスリー（1835〜1921）によるヴィクトリア時代の叙情画『桟橋の少女たち』などが展示されています。

ビアトリクスに影響を与えた挿絵画家

ランドルフ・コールデコット（1846〜1886）はヴィクトリア時代の著名な挿絵画家で、ルパート・ポターはその作品を収集しており、ビアトリクスにとっては敬愛する画家でした。宝物の部屋にはコールデコットの絵が2枚あります。ひとつは果樹園で洗濯物を干す女性を描いており、ビアトリクスは「服を干しているこのかわいいメイドは、コールデコットが住んでいたサリーの家のメイドです」と書いています。もうひとつはコールデコットの油彩画で、こちらも宝物の部屋に飾られています。

　ピーターラビットが出版された直後の1902年に、ビアトリクスはノーマン・ウォーンに、コールデコットや、同じく有名なヴィクトリア時代の画家ウォルター・クレインのスタイルを模した挿絵をつけた、童謡の本を出さないかと持ちかけています。この時点ではまだ、自身のユニークな才能を自覚していなかったことがわかります。

左 ビアトリクスの本に登場するキャラクターたちの青銅製ミニチュア

小さな本から

家具や調度までそろった人形の家には、『2ひきのわるいねずみのおはなし』の挿絵に登場する品々が飾られています。ハンカ・マンカとトム・サムが盗んだ食べ物やナイフとフォーク、鍋やフライパン、アイロンやふいご、ゆりかごに鳥かご、石炭入れが、みなここにあります。そのほとんどはロンドンの玩具店ハムリーズでノーマン・ウォーンが購入したものでした。ノーマンの買ったミニチュアについてビアトリクスは、「とてもすてきでぴったりです。ハムなどまるで本物のようで、見ただけで消化不良を起こしそうです」と言っています。人形の家の上には、赤地に白い水玉模様を散らしたピーターラビットのハンカチもあります。

「私とコールデコットの絵について一緒に話すとは奇妙だとお感じかもしれませんが、少なくともピーターラビットよりは良いものを描けるよう努力したいと思っていますし、もう1冊本を出すなどという冒険はしたくないのであれば、私が費用を支払ってもよいのです」

左 人形の家には、ビアトリクスが『2ひきのわるいねずみのおはなし』で使った品々が飾られています

居間

ビアトリクスはこのスペースを、友人や家族をもてなす居間として用意しました。応接間と同じように、ここでもかつてのロンドンでの暮らしが再現されています。ポター家はヴィクトリア時代の中流家庭の多くと同様、ボルトン・ガーデンズの家の2階に、堅苦しくない集まりに使える部屋を持っていました。

音楽と結婚

この部屋に集まった時には、19世紀初期に作られたマホガニーのピアノが余興に演奏されたかもしれません。ウィリアムはとても音楽好きだったからです。また、フォークダンスにも熱心で、村のダンスチームに参加して、優勝カップやトロフィーを獲得しています。地元の弁護士であるウィリアム・ヒーリスと1913年に結婚する前、ビアトリクスはいとこへの手紙でこう書いています。「彼は42歳（私は47歳）で、とても物静かです — 非常に内気な人ですが、結婚した後は、もっと気楽に構えるようになるだろうと思っています……あらゆる面で満足できる結婚相手です」。ビアトリクスの予想は正しく、ふたりは幸せな結婚生活を送り、ウィリアムは生き生きと輝くようになりました。

「ちょっとした余興」

18世紀末に作られたマホガニー材の書き物机付き書棚に並べられた磁器の中には、ピーターラビットの図柄が入った1920年代グリムウェイド社製のかわいらしい子ども用ティーセットなど、「小さな本」シリーズのおみやげや関連商品が含まれています。

ビアトリクスは実業家としても有能で、関連商品ビジネスの草分けでした。『ピーターラビットのおはなし』を出版した数カ月後には、早速ピーターラビット人形の制作にとりかかっています。ノーマン・ウォーンに宛てた手紙では、「キャラコ生地でピーターの型を裁断しているところです。まだうまくできていませんが、とても良い表情になるはずです。特にひげがかわいいです」と誇らしげに書いています。すぐに、ピーターやベンジャミンバニー、あひるのジマイマ、こねこのトムが、あらゆる派生商品を飾るようになりました。カレンダーに文具、壁紙からジグソーパズル、スリッパにゲーム……。ビアトリクスはこうした商品を「ちょっとした余興」と呼んでいました。

「私はとても幸せな結婚をしました……『テンペスト』で何と言っていましたっけ？『収穫の秋が過ぎ去れば、すぐあとを追って春が来た』というわけです」

悩める弟

この部屋には何枚かの絵画が飾られており、その中にはレイトン卿の作になる海岸の風景画や、ビアトリクス自身がガッシュで描いた『春』と題する作品もありますが、最も興味深いのは、ビアトリクスの弟バートラムの作品『日暮れのガチョウ』かもしれません。

バートラムの芸術は、ミレーに傾倒した画家らしい叙情性と自然への愛にあふれていますが、同時にその油絵にはどこか暗さがあって、悩み苦しむ心が映し出されています。バートラムは成人してからずっとアルコール依存症に悩まされました。46歳のバートラムが脳出血により急死した時には、ビアトリクスは大きな衝撃を受けました。ビアトリクスと同じく、バートラムもロンドンを捨てて農場主になりました。しかしビアトリクスと異なり、バートラムの暮らしは嘘で固めたものでした。バートラムは1902年にエディンバラにこっそり駆け落ちし、スコットランドでの休暇中に知り合った女性メアリー・ウェルシュ・スコットと結婚していたのです。バートラムは11年の間、この結婚を両親に隠していました。両親が賛成しないことはわかりきっていたからです。

小さな本から

引き出しの上に置かれた鏡が、『こねこのトムのおはなし』に出てきます。

反対ページ ビアトリクス・ポターとウィリアム・ヒーリス。ふたりが結婚した1913年に、ボルトン・ガーデンズで撮影

左 居間は友人や家族とくつろぐための部屋だったので、一家のピアノがここに置かれています

新しい部屋

ビアトリクスはこの部屋を図書室と呼んでいました。ファームハウスのキッチンの上に位置するこの部屋には、他の部屋に比べて大きな窓があり、執筆や作画に理想的でした。

狭い廊下をたどり、ビアトリクスの弟バートラムのエッチング版画を眺めながら「新しい部屋」に入ると、まず目に飛び込んでくる4枚の特大風景画に驚かされます。この風景画もバートラムの作品です。キャンバスが壁面の大部分を占め、部屋の雰囲気を圧倒するような大きさです。新古典様式のウッドパネルを張った、天井が高くて広いこの部屋は、まるで違う家に入ったのかと思うほど他の部屋と異なっています

が、それもそのはずで、これは1906年の増築棟の一室なのです。

文筆家ビアトリクス

ビアトリクスは部屋の隅に置かれた書き物机付き書棚を使って、手紙を書き、小さな本を執筆しました。曲げ木製のエレガントな椅子は、19世紀ドイツの家具職人ミヒャエル・トーネットの作品で、祖母ジェシーの家カムフィールド・プレースから運びこんだものです。ビアトリクスはカムフィールドで過ごした子ども時代の思い出について懐かしく書いており、この椅子には特に愛着があったようで、いくつもの挿絵に登場しています。

上 新しい部屋は、ビアトリクスの弟バートラムの描いた4枚の特大キャンバスで飾られています

右 ビアトリクスがおびただしい数の手紙と小さな本のいくつかを書いた、机付き書棚

芸術一家

新しい部屋には、弟だけでなくビアトリクスの家族全員の作品が置かれています。部屋の隅に控えめに飾られている3枚は、それぞれ母、父、そしてビアトリクス自身の作品で、ビアトリクスが芸術一家に囲まれ、絵を描くことを奨励されて育ったことを思い出させてくれます。

自然のインスピレーション

この部屋には、ビアトリクスが自然に寄せた愛を示す品々も置かれており、1633年に出版された『ジェラードの本草書』もその好例です。植物画と植物の特徴の説明を収めたこの書物は、蝶の標本や机の脇にあるサンカノゴイの剥製とともに、きっとビアトリクスにとってインスピレーションと情報の源となっていたことでしょう。

小さな本から

ストーニー・レーンをたどってモス・エクルス・ターンを望む、新しい部屋の窓からの眺めが、『ひげのサムエルのおはなし』に描かれています。

湖水地方での暮らし

ウィリアムと結婚し、カースル・コテージに落ち着いた後、ビアトリクスは質素な田舎暮らしに没頭するようになります。

毎年2冊の小さな本を出版していた多作ぶりは影を潜め、ヒーリス夫人になってからのビアトリクスは、合計たった6冊の本しか出していません。しかもその多くは初期の作品を下敷きにしたものでした。1919年に、ビアトリクスは自分の著作について、「小さな本にはすっかり疲れてしまったのです。目も衰えてしまいました」と書いています。ビアトリクスの言うとおり、視力は確かに落ちつつありましたが、湖水地方への愛情と農業に傾ける情熱は、逆に強まっていきました。

　1923年に、ビアトリクスはトラウトベック・パーク農場を買い取ります。800ヘクタールの無人の荒野からなる高原農場で、ウィンダミアから数キロ北に位置しています。ビアトリクスは一日中をここで過ごすことも多く、パンとチーズだけを食べ、擦り切れた服を着て仕事に打ち込みました。ある日そうやって悪天候の中で子羊の世話をしていたら、流れ者が近寄ってきて「お前さんやわしのような者にはみじめな

天気だね！」と声をかけられた、というエピソードを、ビアトリクスは語って聞かせるのが好きでした。

　しかし、ヒーリス夫人は有力な地主でもありました。所有地は次第に増え、最終的には湖水地方で15の農場と広大な土地を持つようになっていました。ビアトリクスは、この地方で最大の地主のひとりという立場から、借地人が農場から得る収入で暮らせるよう手助けをし、また土地を開発から守ろうと努めました。優しい地主だったビアトリクスは借地料を低く抑え、冬が来て農場で仕事がなくなっても古くからの借地人に給料を払い続けました。

上　ビアトリクスの最大の買い物は、ウィンダミアの北にある広大な高原農場トラウトベックでした

左　1930年代のケズウィック品評会で、他の審査員とともに羊を採点するビアトリクス・ポター

ナショナル・トラストとの協力

ビアトリクスは、晩年の数十年間にナショナル・トラストと協力関係を結んで成果を上げ、ナショナル・トラストに代わって土地の購入や農場経営を行いました。1930年には、1,600ヘクタールという広大なモンク・コニストンの地所（当時開発の脅威にさらされていた）を、資金ができ次第トラストが半分買い取るという条件で購入しました。また、残る半分も死後にトラストに遺贈すると約束しました。

「この山々の精神に触れた私たちのような者は、つかの間の賞賛にほとんど耳を傾けませんが、私は理解してくれる人々の評価を価値あるものと考えます。私たちはとても大きなことをやり遂げたようです。計画もなく、突然に、しかし否応なく ── 他に何ができたというのでしょうか？もしトラストがこのドン・キホーテの冒険のような無謀な試みを壮大な現実に変えることができるのであれば、それはすばらしい結果です」

1930年2月15日付でナショナル・トラスト会長ジョン・ベイリーに宛てた、湖水地方モンク・コニストン地所購入の要請に関する手紙

ビアトリクス
の残した遺産

「倒れるまで ─それが早くても遅くても─ 仕事を続けるのが望みです。どんな仕事であるかは問いません。それが役に立ち、良くできているならば」

1943年9月、ビアトリクスは気管支炎にかかります。この病気が心臓に負担をかけ、ビアトリクスは1943年12月22日に、ウィリアムに看取られて永眠しました。

死後は「服喪はなく、献花もなく、追悼文もなし」というのがビアトリクスの指示でした。遺言に従い、遺灰はお気に入りの羊飼いトム・ストーリーの手で、ヒルトップを見下ろす秘密の場所に散骨されました。ビアトリクスの遺言に従い、遺産のほとんどはウィリアムに残され、ウィリアムの死後にナショナル・トラストに寄贈されました。その内容は、15の農場と無数のコテージ、1,600ヘクタールを超える土地、そしてほとんどの原稿や挿絵、描画なども含まれていました。一方、著作の印税や権利は、ノーマン・ウォーンの甥フレデリック・ウォーン・スティーブンズに遺されました。

　ビアトリクスの多才ぶりが本当に明らかになったのは、その没後のことでした。ビアトリクスの本の愛読者はまるで友だちを亡くしたように感じ、ナショナル・トラストは最も気前が良く支持の一貫した後援者を失いました。当時の事務局長D・M・マシソンが指摘したとおり、「彼女は自らすばらしい模範となって、湖水地方の自然保護問題を彼女がどれほど深く理解していたかを証明した」のです。ナショナル・トラストが今でもビアトリクスに対して抱く深い敬意のしるしとして、スウィンドンにある本部は「ヒーリス」と命名されています。湖水地方が今も世界中から観光客を集めるイングランドで最もみごとな景観を誇る地域であり続けているのは、ビアトリクスの貢献によるところが少なくありません。ナショナル・トラストでは、これからも何世代にわたって、この遺産を守り続けていきます。

右 ビアトリクス・ポター
最晩年の写真のひとつ